QUANMIN JIANSHEN
SHAONIAN ERTONG PAIQIU YUNDONG NENGLI
DENGJI PINGDING BIAOZHUN
(BEIJING TIYU DAXUE BAN)

全民健身
少年儿童排球运动能力等级评定标准

（北京体育大学版）

宋志刚　主编

北京体育大学出版社

策划编辑：郭英俊　潘海英
责任编辑：潘海英
责任校对：赵红霞
版式设计：谭德毅

图书在版编目（CIP）数据

全民健身少年儿童排球运动能力等级评定标准：北京体育大学版 / 宋志刚主编. -- 北京：北京体育大学出版社, 2020.12
ISBN 978-7-5644-3402-1

Ⅰ. ①全… Ⅱ. ①宋… Ⅲ. ①少年儿童—排球运动—运动技术—等级—评定—标准 Ⅳ. ①G842-65

中国版本图书馆CIP数据核字（2020）第244441号

全民健身少年儿童排球运动能力等级评定标准（北京体育大学版）

QUANMIN JIANSHEN
SHAONIAN ERTONG PAIQIU YUNDONG NENGLI
DENGJI PINGDING BIAOZHUN (BEIJING TIYU DAXUE BAN)

宋志刚　主编

出版发行：北京体育大学出版社
地　　址：北京市海淀区农大南路1号院2号楼4层办公B-421
邮　　编：100084
网　　址：http://cbs.bsu.edu.cn
发 行 部：010-62989320
邮 购 部：北京体育大学出版社读者服务部 010-62989432
印　　刷：北京瑞禾彩色印刷有限公司
开　　本：889 mm × 1194 mm　1/32
成品尺寸：140 mm × 210 mm
印　　张：2
字　　数：58 千字
版　　次：2020年12月第1版
印　　次：2020年12月第1版第1次印刷
定　　价：28.00元

序

为贯彻落实《体育强国建设纲要》和全国教育大会精神，充分发挥体育项目协会和体育院校的引领作用，深化体教融合，推动少年儿童文化学习和体育锻炼协调发展，促进少年儿童健康成长、人格健全、意志坚定，培养德智体美劳全面发展的社会主义建设者和接班人，《全民健身少年儿童排球运动能力等级评定标准（北京体育大学版）》（以下简称《标准》）应运而生。《标准》的出版与推广践行了新时代党的政策，满足了人民日益增长的美好生活需要，打开了大众健身从小培养的终身体育锻炼兴趣的大门。

党的十九大报告指出，广泛开展全民健身活动，加快推进体育强国建设。《体育强国建设纲要》中提出的战略目标包括“青少年体育服务体系更加健全，身体素养显著提升，健康状况明显改善”。在“青少年体育发展促进工程”中提出“开展青少年体育技能培训，使青少年掌握 2 项以上运动技能”。因此，构建具有中国特色的全民健身少年儿童排球运动能力等级评定标准具有重要意义，此举既可以提高少年儿童身体素质，又能夯实我国排球后备人才储备基础。少年儿童掌握至少 1 项运动技能，可以提高身体素质、培养兴趣、建立终身体育锻炼意识、养成终身运动的习惯、达到身心健康发展的目的。《标准》的研发团队通过广泛调研、收集数据、反复论证和认真分析我国少年儿童排球运动发展现状，研制出了一套能够体现排球运动项目特征、符合少年儿童生长发育规律，具有科学性、客观性、简洁性且易于实施的标准。《标准》以 4~13 岁各年龄段少年儿童的身体发育水平、认知水平、思维能力为依据，测试少年儿童的技能、体能、认知与知识四个方面，充分体现各年龄段少年儿童的生长发育特征。《标准》适用广泛，可操作性强，方法简单，科学实用，测试内容便于组织培训，对普通少年儿童与精英运动员的运动技能水平评定具有实践意义，能够为教育部门的幼、小教学单位开展少年儿童排球运动技能水平和体育素养测评提供科学、便捷的依据。六个等级的评定测试内容层次分明、循序渐进，可使少年儿童掌握排球运动的基本技能；在此基础上，各等级测试内容的难度逐渐提高，重点突出，全面且丰富；从实际与实用出发，评价少年儿童排球运动技能掌握的熟练程度及灵活运用的水平。

作为全国中小学体育教学指导委员会委员，我衷心希望《标准》能够为我国排球运动员选材等相关工作提供数据支撑，规范我国少年儿童排球运动员的培养与选拔，促进教育系统、社会俱乐部等培养的后备人才更好地有序发展；吸引更多的少年儿童参与排球运动，增加其对排球运动的兴趣；不断挖掘和发现更多具有排球天赋的竞技后备人才。最后，感谢编写组成员辛勤的工作和多年专业排球运动知识的奉献，以及对中国排球运动的热爱与敬仰。衷心祝愿中国早日实现体育强国梦，实现伟大的中国梦。

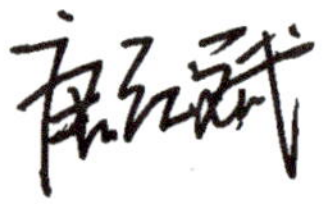

全国中小学体育教学指导委员会委员

二〇二〇年十一月十八日于北京

前 言

我国排球运动在国内外取得了辉煌的成绩。在《“健康中国2030”规划纲要》与《体育强国建设纲要》的指导下，人们清楚地认识到排球后备人才的选拔和培养是我国排球运动未来继续取得优异成绩的基础和保障。因此，北京体育大学排球俱乐部以服务国家体育战略方针为使命，通过广泛调研、收集数据和相关论证后编写、研制出《全民健身少年儿童排球运动能力等级评定标准（北京体育大学版）》（以下简称《标准》）。

《标准》的制定与实施以树立少年儿童正确的体育价值观、培养少年儿童终身体育的信念、加快全民健身体育的发展、增强国民的体质、促进健康中国与体育强国的实现为原则，鼓励更多少年儿童参与到集健身、娱乐、休闲、竞技为一体的排球运动中来，使少年儿童在体育锻炼中享受乐趣、增强体质、锻炼意志、健全人格。

《标准》的内容评定合理、规范，测试过程简洁、透明，目标设计严格遵循了国际排球运动技能的专业性，所采用的数据能真实反映各年龄阶段少年儿童生长发育规律，测试内容涵盖行为类、知识类、体能类和技能类四个模块，测试形式顺应了世界排球运动发展的潮流，能够客观地评定受试者的等级水平。《标准》共包括六个等级：一级、二级为入门级，三级、四级为提高级，五级、六级为精英级。各级之间的测试内容具有科学性、客观性、简洁性、时效性和目标性。每级测试都围绕着排球运动核心技术和体能等方面展开，框架完整、系统性强，测试目标明确，能全面反映这一年龄区间少年儿童排球技能掌握水平。同时，《标准》更好地响应了国家规定的少年儿童应掌握 1~2 项运动技能的号召，也符合我国深化学校体育综合改革的需求。

《标准》的主编由国家体育总局教练员学院宋志刚副教授担任；副主编由成都体育学院李军副教授、北京交通大学陈星飚副教授、上海体育学院王村副教授担任；编写组成员主要是排球运动方面的专家与青年学者，包括王耀东、韦云、李世光、张明、赵梦迪、秦矛。最后，感谢清华大学美术学院熊倚凝同学对本书配图的支持与帮助。

目录 CONTENTS

1 通　则

TONGZE

等级标准界定

为了促进少年儿童掌握规范的排球运动技能、提高身体运动能力、培养良好的排球运动习惯、树立终身体育锻炼意识、促进身心健康发展，同时为了发掘具有排球运动天赋的少年儿童后备人才，在通过广泛调研、收集数据和论证的基础上研制出了《全民健身少年儿童排球运动能力等级评定标准（北京体育大学版）》（以下简称《标准》）。

等级标准划分

《标准》在整体上依据少年儿童行为、知识、体能和技能等方面的情况，将少年儿童设定为六个年龄等级标准（图 1–1）：4 岁（一级）、5 岁（二级）、6~7 岁（三级）、8~9 岁（四级）、10~11 岁（五级）、12~13 岁（六级）。《标准》根据各年龄段少年儿童的生长发育特点、身体能力水平及排球技能掌握情况，分别制定了不同的测试项目及评定标准，力求全面、客观地反映相关年龄段受试者的整体能力水平。

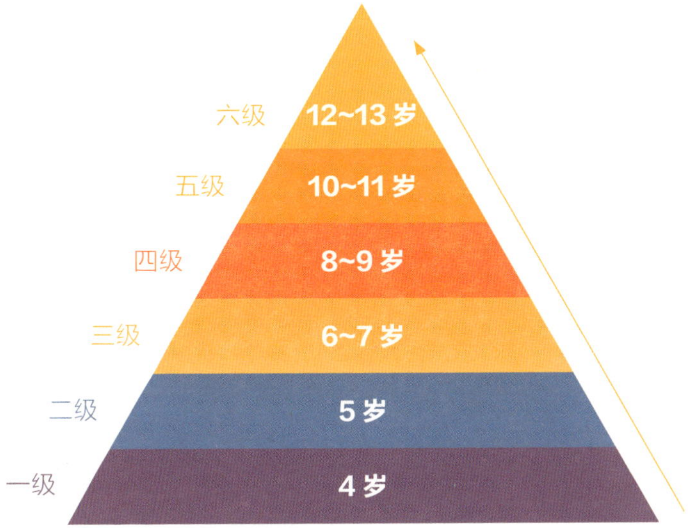

图 1–1　等级标准划分

场　地

测试场地应为国际标准的排球场地，长 18 米、宽 9 米，四周至少 3 米宽的无障碍区，地板至天花板的高度不低于 7 米，球网高度按照各年龄段相关规定执行。测试场地必须平坦，地面、网柱及其他出现在测试场地的器材附近必须清除一切危险设施和障碍物。

器　材

测试用球、网柱、球网必须为国际排球联合会正式比赛指定用品。测试用的其他辅助器材尽量使用软质塑料制品。

设　备

医用急救包 1 套，广角摄像机 3 台，专用计算机 2 台并配备网络接口，且保证测试期间网络畅通。

测试人员

主考官：1~3 名。

助考员：2~4 名。

其他工作人员：若干名。

2

测试总体要求

CESHI ZONGTI YAOQIU

测试规则

受试者首次参加测试可以从任一等级开始，如不能通过所报等级，可以重新参加第二次测试，第二次测试仍不能通过者须降级参加测试。测试内容以《标准》为准。主考官需严格评判受试者的每一个环节，并针对等级测试指标做出客观、准确、公正的评分。对违反测试规则的受试者进行相应的判罚，并终止其考级资格。

评分标准

评分标准：每一个等级标准满分为 100 分，60 分以下为不合格。

测试类别分为以下几类。

（1）行为类。其占总分数的比例：一至二级为 30%、三级为 20%，四至六级为 10%。

（2）知识类。其占总分数的比例：一至二级为 30%，三级为 20%，四至六级为 10%。

（3）体能类。其占总分数的比例：一至二级为 25%，三级为 30%，四至六级为 40%。

（4）技能类。其占总分数的比例：一至二级为 15%，三级为 30%，四至六级为 40%。

每类测试的评分又分为 A~D。每一级测试项目都以百分制评定，最终得分参照表 2-1。

表 2-1 评分标准对照表

级别	行为类（满分 30 分）	知识类（满分 30 分）	体能类（满分 25 分）	技能类（满分 15 分）
一至二级	A: 30~26	A: 30~26	A: 25~22	A: 15~13
	B: 25~21	B: 25~21	B: 21~18	B: 12~10
	C: 20~16	C: 20~16	C: 17~14	C: 9~7
	D: 15~0	D: 15~0	D: 13~0	D: 6~0

续表

级别	行为类（满分 20 分）	知识类（满分 20 分）	体能类（满分 30 分）	技能类（满分 30 分）
三级	A: 20~16	A: 20~16	A: 30~26	A: 30~26
	B: 15~11	B: 15~11	B: 25~21	B: 25~21
	C: 10~6	C: 10~6	C: 20~16	C: 20~16
	D: 5~0	D: 5~0	D: 15~0	D: 15~0
级别	行为类（满分 10 分）	知识类（满分 10 分）	体能类（满分 40 分）	技能类（满分 40 分）
四至六级	A: 10~9	A: 10~9	A: 40~36	A: 40~36
	B: 8~7	B: 8~7	B: 35~31	B: 35~31
	C: 6~5	C: 6~5	C: 30~26	C: 30~26
	D: 4~0	D: 4~0	D: 25~0	D: 25~0
总分	100~91 分（优秀）	90~81 分（良好）	80~60 分（良）	59~0 分（不通过）

受试者要求

受试者必须身着运动服装，充分热身后参加测试。测试前，受试者需提交个人健康证明与免责书。五至六级的受试者应具备 1 次以上的正式比赛经历，并提供证明。受试者参加北京体育大学排球俱乐部举办的比赛等同于区级及以上的比赛。

考官与工作人员要求

主考官、助考员必须身着测试专用的服装，佩戴表明身份的证件。测试前 2 小时，主考官应带领所有考评人员检查测试场地、器材等设备。测试前，主考官应提醒测试人员做好充分的热身准备活动。

主考官资质：具有排球项目国家级裁判员资质、体育类专业高级职称及专业排球教练员、经考级委员会培训认定的人员。所有考官与考评人员必须无不良记录，考级任务由考级委员会随机选派。

助考员资质：凭考级委员会颁发的培训合格证书上岗。

工作人员：工作人员必须身着测试专用的服装，佩戴表明身份的证件，必须无不良记录。工作人员由考点选派，并在测试前 1 个月向考级委员会报备。

测试点要求

测试场地必须保持干净、安全、卫生、明亮，无障碍区保证安全，各通道标识清晰、通畅。必须储存整个测试过程的录像，每天考级结束后及时上交于考级委员会。

保　险

受试者在测试之前，需要提交人身意外伤害保险的相关证明。

小 V 和球球欢迎少年儿童朋友们！让我们一起进入排球运动的学习吧！

3 等级评定标准

DENGJI PINGDING
BIAOZHUN

测试内容分类

具体的测试内容分类详见表 3–1。

表 3–1 测试内容分类

项目内容	分类					
知识类	排球运动专业知识					
行为类	排球运动行为规范要求					
体能类	柔韧性	灵敏性	协调性	速度	爆发力	力量
技能类	垫球	传球	扣球	发球	拦网	

等级划分

具体的等级划分详见表 3–2。

表 3–2 等级划分表

入门级		提高级		精英级	
一级	二级	三级	四级	五级	六级
4 岁	5 岁	6~7 岁	8~9 岁	10~11 岁	12~13 岁

注：受试者达到相应等级要求，均可颁发权威机构认证的等级证书。

一级测试科目与评分

一级测试科目内容详见表 3-3。

表 3-3 一级测试科目内容对照表

测试类别	具体评分内容
行为类（30%）	1. 能够自己更换运动服装。 2. 能够说出同队队友或同班同学 6 个人的名字。 3. 能够清晰表达个人的意愿（由考官提问）。
知识类（30%）	1. 能够准确辨认出排球。 2. 能够准确说出排球运动场上各位置的名称。 3. 能够准确说出排球运动 1 局的分数和胜 1 场的局数。
体能类（25%）	1. 能够独立直线跑 10 米、折返跑 20 米。 2. 能够双脚原地连续跳起 3 次，能够左右单脚跳 3 米。 3. 能够左右手各投掷 5 次羽毛球。
技能类（15%）	1. 能够双手抛接排球高于头部 5 次。 2. 能够接住间隔 2 米抛出的排球 3 次。 3. 能够单人向 1 米外的指定区域抛球并接住球 6 次。

测试场地

1 块标准室内排球场地或室内运动场地。

准备器材

折叠桌 3 张、长条板凳 1 个、排球、篮球、足球 、橄榄球、羽毛球、秒表。

测试方法与评分

一级行为类测试方法与评分标准详见表 3-4。

表 3-4　一级行为类测试方法与评分标准对照表

内容	测试方法	测试要求	评分
全副武装	受试者在测试区，将携带的运动服装在规定时间内依次穿戴整齐且独立完成。考官根据受试者的熟练程度和完成时间打分。（图 3-1）	3 分钟内独立完成。	A：在规定时间内顺利完成，并确保服装整齐。 B：在规定时间内顺利完成。 C：未在规定时间内完成。 D：不能完成此任务。
呼唤队友	更换好运动服装后站立在测试区大声说出 6 名队友或同班同学的名字。	1 分钟内独立完成。	A：在规定时间内完成回答，且声音洪亮、清晰。 B：在规定时间内完成回答，但声音不洪亮、不清晰。 C：在规定时间内未全部说出 6 个人的名字。 D：不能完成此任务。
表达心声	由考官提问符合测试年龄段少年儿童心智的问题，且受试者能够清晰、准确地回答 3 个问题。	2 分钟内独立完成。	A：在规定时间内完成回答，且声音洪亮、清晰。 B：在规定时间内完成回答，但声音不洪亮、不清晰。 C：在规定时间内回答 2 个及以下问题。 D：不能完成此任务。

图 3-1 全副武装测试方法示意图

一级知识类测试方法与评分标准详见表 3-5。

表 3-5　一级知识类测试方法与评分标准对照表

内容	测试方法	测试要求	评分
能够准确辨认排球	将不同的球混放在测试区内；听到口令后受试者以跑步形式快速拿到排球，并将其举过头示意给考官。（图 3-2）	受试者距离目标球 6 米。30 秒之内完成任务。	A：在规定时间内跑步完成。 B：在规定时间内走路完成。 C：未在规定时间内完成。 D：不能完成此任务。
能够准确说出排球运动场上位置的名称	用示意图展示排球场地。	2 分钟内准确说出场上位置的名称。	A：在规定时间内完成。 B：在规定时间内说出 3~4 个位置。 C：在规定时间内说出 1~2 个位置。 D：不能完成此任务。
能够准确说出排球比赛 1 局的分数和胜 1 场的局数	受试者身着运动服装在测试区内回答考官提出的关于排球比赛局数和分数的问题。	2 分钟内准确回答问题。	A：在规定时间内完成。 B：在规定时间内回答 2 个问题。 C：在规定时间内回答 1 个问题。 D：不能完成此任务。

图 3-2　准确辨认排球测试方法示意图

一级体能类测试方法与评分标准详见表 3-6。

表 3-6 一级体能类测试方法与评分标准对照表

内容	测试方法	测试要求	评分
20 米折返跑	在测试区内设置 10 米距离的起止点标记物。	受试者在起点标记后，听到考官出发口令，完成 20 米折返跑。	A：跑姿正确，沿直线顺利完成。 B：跑姿不正确，沿直线顺利完成。 C：跑姿不正确，不能沿直线完成折返跑。 D：不能完成此任务。
单双脚连续跳跃	受试者着运动服装在测试区完成规定的跳跃动作。双脚为原地跳跃，单脚为行进间跳跃。(图 3-3)	要求受试者原地双手摆臂，双脚上下跳跃 5 次；单脚跳跃时，左、右脚交替完成行进间 3 米的距离。完成任务时间为 1 分钟。	A：在规定时间内完成。 B：在规定时间内完成双脚和单脚跳跃各 1 次。 C：在规定时间内只完成了 1 项测试内容。 D：不能完成此任务。
羽毛球投掷	受试者着运动服装在测试区内完成 5 次规定的投掷动作。	要求受试者原地单手肩上挥臂投掷，将羽毛球投击指定目标，完成任务时间为 1 分钟。	A：在规定时间内完成，并击中目标物 4~5 次。 B：在规定时间内完成，并击中目标物 2~3 次。 C：在规定时间内完成，并击中目标物 1 次。 D：不能完成此任务。

图 3-3 单双脚连续跳跃测试方法示意图

一级技能类测试方法与评分标准详见表 3–7。

表 3–7　一级技能类测试方法与评分标准对照表

内容	测试方法	测试要求	评分
双手垂直抛接排球	受试者着运动服装，在半径为 1 米的圆形测试区内完成规定的抛接动作 5 次。（图 3–4）	受试者在指定区域内原地连续完成双手向上抛接球动作，每次抛出高度必须高于自身头顶。	A：连续完成抛接球动作 5 次，并无丢球。 B：连续完成抛接球动作 5 次，丢球 2 次。 C：连续完成抛接球动作 5 次，丢球 3 次。 D：不能完成此任务。
双手间隔抛接排球	受试者着运动服装，在间隔 2 米的测试区内接住由考官抛出的球，受试者完成直接接球动作 6 次。（图 3–5）	受试者在指定区域内双手主动连续接住不同方向的来球。	A：连续主动完成接球动作 6 次。 B：连续主动完成接球动作 4~5 次。 C：连续主动完成接球动作 2~3 次。 D：不能完成此任务。
双手对墙抛接排球	受试者着运动服装，在间隔墙 1 米的测试区域完成规定的抛接球动作 6 次。（图 3–6）	受试者在间隔墙 1 米的距离处，将球抛向墙壁上高于自身身高的位置并连续进行。时间 1 分钟。球抛丢后工作人员迅速补上，继续进行测试。	A：连续主动完成抛接球动作 6 次。 B：连续主动完成抛接球动作 4~5 次。 C：连续主动完成抛接球动作 1~2 次。 D：不能完成此任务。

图 3–4　双手垂直抛接排球测试方法示意图

图 3-5 双手间隔抛接排球测试方法示意图

图 3-6 双手对墙抛接排球测试方法示意图

要点与说明

（1）行为类：要求受试者语言清晰、动作大方、精神饱满。

（2）知识类：要求受试者积极主动、简洁准确、精神饱满。

（3）体能类：要求受试者主动勇敢、动作规范、精神饱满。

（4）技能类：要求受试者乐观主动、坚定勇敢、精神饱满。

二级测试科目与评分

二级测试科目内容详见表 3-8。

表 3-8　二级测试科目内容对照表

测试类别	具体评分内容
行为类（30%）	1. 能够主动向队友和考官问好。 2. 能够说出自己的优点。 3. 能够自己穿戴护具。
知识类（30%）	1. 能够准确说出排球运动的发源地、发明人和时间。 2. 能够准确画出场地上的 6 个位置和轮转方向。 3. 能够准确说出排球场地的长度和宽度，以及男、女球网的高度。
体能类（25%）	1. 能够后退跑 6 米。 2. 能够“Z”字形跑 9 米。 3. 能够独立完成前滚翻 5 次。
技能类（15%）	1. 能够用手臂托住排球行走 6 米。 2. 能够自抛自接排球行走 6 米。 3. 能够 3 人三角抛接球 10 次。

测试场地

1 块标准室内排球场地或室内运动场地。

准备器材

护膝、护腕、护肘、排球、秒表、体操垫、文件夹和彩笔。

测试方法与评分

二级行为类测试方法与评分标准详见表 3-9。

表 3-9 二级行为类测试方法与评分标准对照表

内容	测试方法	测试要求	评分
礼貌团结	受试者着运动服装在测试区内与同伴双手击掌，然后向考官问好。	积极热情、声音洪亮。	A：积极热情、声音洪亮。 B：与同伴配合不流畅或声音怯小。 C：与同伴配合不流畅与声音怯小。 D：不能完成此任务。
自信表达	受试者着运动服装自己独立思考说出生活、学习中的 3 条优点。	1 分钟内独立完成。	A：在规定时间内声音洪亮、清晰回答 3 条及以上优点。 B：在规定时间内回答 3 条优点，但声音不洪亮、不清晰。 C：未在规定时间内回答 3 条优点。 D：不能完成此任务。
穿戴护具	受试者着运动服装，按考官提出的要求在测试区正确穿戴护具，并展示给考官。（图 3-7）	2 分钟内独立完成。	A：在规定时间内准确辨认护具，并在穿戴整齐 2 个护具后向考官展示。 B：经考官提示护具名称后穿戴整齐 2 个护具，并向考官展示。 C：经考官提示护具名称后穿戴整齐 1 个护具，并向考官展示。 D：不能完成此任务。

图 3-7 穿戴护具测试方法示意图

二级知识类测试方法与评分标准详见表 3–10。

表 3–10　二级知识类测试方法与评分标准对照表

内容	测试方法	测试要求	评分
能够准确说出排球运动的发源地、发明人和时间	受试者着运动服装在测试区内站立回答。	1 分钟内独立完成。	A：在规定时间内正确回答 3 个问题。 B：在规定时间内正确回答 2 个问题。 C：在规定时间内正确回答 1 个问题。 D：不能完成此任务。
能够准确画出场地上 6 个位置和轮转方向	受试者着运动服装在测试区内画图。	2 分钟内独立完成。	A：在规定时间内正确完成。 B：在规定时间内完成，但有 1 处错误。 C：未能在规定时间内完成。 D：不能完成此任务。
能够准确说出排球场地的长度和宽度，以及男、女球网的高度	受试者着运动服装在测试区内站立回答。	1 分钟内独立完成。	A：在规定时间内正确回答 3 个问题。 B：在规定时间内正确回答 2 个问题。 C：在规定时间内正确回答 1 个问题。 D：不能完成此任务。

二级体能类测试方法与评分标准详见表 3–11。

表 3–11　二级体能类测试方法与评分标准对照表

内容	测试方法	测试要求	评分
后退跑	在测试区内用标志物标出 6 米的距离。	受试者在起点站立，背对终点。	A：跑姿正确，沿直线顺利完成。 B：跑姿不正确，沿直线顺利完成。 C：后退跑过程中有中断。 D：不能完成此任务。
“Z”字形跑	在测试区内，标志物间隔 3 米摆放出“Z”字形，共 9 米。（图 3–8）	受试者全程只能用跑步姿势。每人 2 次机会。	A：跑姿正确，沿直线顺利完成。 B：跑姿正确，但变向转身不灵活。 C：跑姿错误或过程中有中断。 D：不能完成此任务。
独立完成前滚翻	在测试区内摆放 6 米长体操垫，受试者前滚翻 5 次，工作人员辅助保护。（图 3–9）	受试者连续完成测试项目。	A：连续顺畅地完成 5 次。 B：完成 4~5 次，中间有停顿。 C：完成 1~3 次，中间有停顿。 D：不能完成此任务。

图 3–8　“Z”字形跑测试方法示意图

图 3–9　独立完成前滚翻测试方法示意图

二级技能类测试方法与评分标准详见表 3-12。

表 3-12　二级技能类测试方法与评分标准对照表

内容	测试方法	测试要求	评分
手臂托球行走	在测试区内用标志物标出 6 米距离，要求受试者行进间完成。（图 3-10）	受试者保持低重心，手臂平举，垫球手型正确。20 秒内完成，每人 3 次机会。	A：按规定跑步完成。 B：按规定完成。 C：完成，但过程中有中断或超时。 D：不能完成此任务。
自抛自接球行走	在测试区内用标志物标出 6 米距离，要求受试者行进间完成。（图 3-11）	受试者保持低重心，行进中抛接 10 次。20 秒内完成。	A：按规定跑步完成。 B：按规定完成。 C：完成，但过程中有中断或超时。 D：不能完成此任务。
三角抛接球	在测试区内标出距离为 1.5 米的等腰三角形。由 2 名工作人员抛球，受试者 1 人接球。1 个点接 2 次，逆时针轮转 3 个点，共 6 次抛接。（图 3-12）	受试者主动叫工作人员的号码、主动接住工作人员抛出的球。	A：规定动作顺利完成。 B：在规定动作内连续完成 2 个位置。 C：在规定动作内完成 1~3 个位置，但有中断。 D：不能完成此任务。

图 3-10　手臂托球行走测试方法示意图

图 3-11 自抛自接球行走测试方法示意图

图 3-12 三角抛接球测试方法示意图

要点与说明

（1）行为类：要求受试者主动热情、声音洪亮、动作迅速。

（2）知识类：要求受试者思维敏捷、逻辑清晰、作答有序。

（3）体能类：要求受试者勇敢积极、连贯流畅、动作有力。

（4）技能类：要求受试者积极控制、不急不躁、主动担当。

三级测试科目与评分

三级测试科目内容详见表 3-13。

表 3-13 三级测试科目内容对照表

测试类别	具体评分内容
行为类（20%）	1. 能够使用 2 个 8 拍领操 1 节。 2. 能够总结出自己和自己喜爱队伍的优点。
知识类（20%）	1. 能够准确说出排球场地所有的器材名称。 2. 能够准确说出 1 局比赛的暂停（技术暂停）次数与时间、换人次数、发球位置。 3. 能够准确说出比赛场上同排同列的关系。
体能类（30%）	1. 坐位体前屈测试。 2. 反应灯测试。 3. 立定跳远。 4. 连续侧手翻 3 次。
技能类（30%）	1. 能够连续对空自垫球。 2. 能够连续对空自传球。 3. 6 米线下手发球。

测试场地

1 块标准室内排球场地。

准备器材

排球柱、排球网、标志杆、标志带、换人牌、体前屈测试器、反应灯测试器、皮尺、排球、体操垫。

测试方法与评分

三级行为类测试方法与评分标准详见表 3-14。

表 3-14　三级行为类测试方法与评分标准对照表

内容	测试方法	测试要求	评分
能够使用 2 个 8 拍领操 1 节	受试者着运动服装，在指定区域按提示牌自选 1 节徒手操。	自己喊口令，情绪饱满、声音洪亮、动作规范。	A：完整带领 2 节。 B：带领 2 节，但动作不流畅或声音怯小。 C：带领 2 节以下且动作和节拍不对应。 D：不能完成此任务。
能够总结出自己和自己喜爱队伍的优点	受试者着运动服装，面向考官站立测试（不少于 30 个字）。	自己独立思考并说出优点。30 秒准备时间，1 分钟内独立完成。	A：在规定时间内完成，且声音洪亮、用词准确、吐字清晰。 B：在规定时间内完成，但声音怯小。 C：未在规定时间内完成。 D：不能完成此任务。

三级知识类测试方法与评分标准详见表 3-15。

表 3-15　三级知识类测试方法与评分标准对照表

内容	测试方法	测试要求	评分
能够准确说出排球场地所有的器材名称	受试者着运动服装，在指定区域内站立回答考官指问的物品（用图画或实物展示）。	1 分钟内独立完成。	A：在规定时间内正确回答 3 个问题。 B：在规定时间内正确回答 2 个问题。 C：在规定时间内正确回答 1 个问题。 D：不能完成此任务。
能够准确说出 1 局比赛的暂停（技术暂停）次数与时间、换人次数、发球位置	受试者着运动服装，在指定区域内站立回答。	1 分钟内独立完成。	A：在规定时间内正确回答 3 个问题。 B：在规定时间内正确回答 2 个问题。 C：在规定时间内正确回答 1 个问题。 D：不能完成此任务。

内容	测试方法	测试要求	评分
能够准确说出比赛场上同排同列的关系	受试者着运动服装，在指定区域内选出 6 张图中错误的 3 张图。	1 分钟内独立完成。	A：在规定时间内正确回答 3 个问题。 B：在规定时间内正确回答 2 个问题。 C：在规定时间内正确回答 1 个问题。 D：不能完成此任务。

三级体能类测试方法与评分标准详见表 3–16。

表 3–16　三级体能类测试方法与评分标准对照表

内容	测试方法	测试要求	评分
坐位体前屈测试	在测试场地内使用坐位体前屈测试器材进行测试。	受试者腿部及膝关节伸直后双手触推器械。	A：> 10~15 厘米。 B：> 5~10 厘米。 C：≤ 5 厘米。 D：不能完成此任务。
反应灯测试	在测试区内受试者的正前方、右上方、左上方 0.5 米处摆放反应灯。（图 3–13）	受试者呈站立姿势，在启动点全程快速触碰反应灯，触摸后返回起点，共 10 次。	A：准确完成 9~10 次。 B：准确完成 6~8 次。 C：准确完成 5 次。 D：不能完成此任务。
立定跳远	在测试场地内使用皮尺丈量落点。	受试者原地双手摆臂起跳，以双脚落地方为有效。其他部位在双脚的后面触地记为犯规。每人 2 次。	A：动作协调，爆发有力。 B：无摆臂动作，但爆发有力。 C：动作协调，无爆发力。 D：不能完成此任务。
连续侧手翻	在测试区摆放 6 米长体操垫，受试者连续 3 次侧手翻，工作人员辅助保护。（图 3–14）	受试者必须连续完成。2 次机会。	A：连续、顺畅完成 3 次。 B：完成 3 次，但中间有停顿。 C：完成 1~2 次，中间有停顿。 D：不能完成此任务。

图 3-13　反应灯测试方法示意图

图 3-14　连续侧手翻测试方法示意图

三级技能类测试方法与评分标准详见表 3-17。

表 3-17　三级技能类测试方法与评分标准对照表

内容	测试方法	测试要求	评分
对空自垫球	受试者在测试区内听考官口令后进行自垫球。自垫球须高于自身头部约50厘米，共20次。(图3-15)	受试者保持低重心，手臂平举，垫球手型正确并连续完成。每人2次机会，记录最佳成绩。	A：动作规范，按要求完成20次。 B：按要求完成20次。 C：完成10次及以上。 D：不能完成此任务。
对空自传球	受试者在测试区内听考官口令后进行对空自传球。自传球的高度须高于自身头部约50厘米，共20次。(图3-16)	受试者保持低重心，手型正确，蹬伸协调。每人2次机会，记录最佳成绩。	A：动作规范，按要求完成20次。 B：按要求完成20次。 C：完成10次及以上。 D：不能完成此任务。
6米线下手发球	受试者在测试区听考官口令采用下手发球，连续发球5次，球须过网且落在对方场地的有效区内。(图3-17)	受试者下手发球时不能踩线。每人2次机会，记录最佳成绩。	A：动作协调、顺畅，完成5次有效发球。 B：动作协调、顺畅，完成3~4次有效发球。 C：动作协调、顺畅，完成1~2次有效发球。 D：不能完成此任务。

图 3-15　对空自垫球测试方法示意图

图 3–16　对空自传球测试方法示意图

图 3–17　6 米线下手发球测试方法示意图

要点与说明

（1）行为类：要求受试者轻快有力、节奏有序、激情表达。

（2）知识类：要求受试者思维敏捷、逻辑清晰、作答有序。

（3）体能类：要求受试者反应灵敏、果断勇敢、不惧困难。

（4）技能类：要求受试者坚定信心、克服困难、动作规范。

四级测试科目与评分

四级测试科目内容详见表 3-18。

表 3-18 四级测试科目内容对照表

测试类别	具体评分内容
行为类（10%）	1. 能够使用 4 个 8 拍领操 3 节。 2. 能够详细描述自己的排球偶像 3 分钟。
知识类（10%）	1. 能够准确说出垫球的技术要求和易犯错误动作。 2. 能够准确说出传球的技术要求和易犯错误动作。 3. 能够准确说出上手发球的技术要求和易犯错误动作。
体能类（40%）	1. 18 米冲刺跑。 2. 原地双脚起跳摸高。 3. 俯卧撑。 4. 手倒立支撑（男生正向倒立，女生反向倒立）。
技能类（40%）	1. 对墙垫球 100 次。 2. 对墙定点传球 100 次。 3. 对墙自抛自扣球 10 次。

测试场地

1 块标准室内排球场地。

准备器材

排球、秒表、皮尺、摸高器、体操垫。

测试方法与评分

四级行为类测试方法与评分标准详见表 3-19。

表 3-19 四级行为类测试方法与评分标准对照表

内容	测试方法	测试要求	评分
能够使用 4 个 8 拍领操 3 节	受试者着运动服装，在测试区内按提示牌自选 3 节徒手操。	自己喊口令，情绪饱满、声音洪亮、动作规范。	A：完整带领 3 节。 B：带领 3 节，但动作不流畅或声音怯小。 C：带领 3 节以下且动作和节拍不对应。 D：不能完成此任务。
能够详细描述自己的排球偶像	受试者着运动服装，在测试区面向考官站立，测试时间为 3 分钟。	自己独立思考说出，1 分钟准备时间，2 分钟内独立完成。	A：在规定时间内完成，且声音洪亮、用词准确、吐字清晰、逻辑准确。 B：在规定时间内完成，但声音怯小。 C：未在规定时间内完成。 D：不能完成此任务。

四级知识类测试方法与评分标准详见表 3-20。

表 3-20 四级知识类测试方法与评分标准对照表

内容	测试方法	测试要求	评分
能够准确说出垫球的技术要求和易犯错误动作	受试者着运动服装在测试区内示范作答。	2 分钟内独立完成，举例说明并示范 1 种错误动作。	A：在规定时间内完整作答。 B：在规定时间内作答但不完整。 C：在规定时间内作答 1 题。 D：不能完成此任务。
能够准确说出传球的技术要求和易犯错误动作	受试者着运动服装在测试区内示范作答。	2 分钟内独立完成，举例说明并示范 1 种错误动作。	A：在规定时间内完整作答。 B：在规定时间内作答但不完整。 C：在规定时间内作答 1 题。 D：不能完成此任务。

内容	测试方法	测试要求	评分
能够准确说出上手发球的技术要求和易犯错误动作	受试者着运动服装在测试区内示范作答。	2 分钟内独立完成，举例说明并示范 1 种错误动作。	A：在规定时间内完整作答。 B：在规定时间内作答但不完整。 C：在规定时间内作答 1 题。 D：不能完成此任务。

四级体能类测试方法与评分标准详见表 3-21。

表 3-21　四级体能类测试方法与评分标准对照表

内容	测试方法	测试要求	评分
18 米冲刺跑	在测试区内端线起点处用冲刺跑通过球网下方，到达对方场地的端线处。（图 3-18）	受试者快速、协调、直线完成，但身体不能触碰球网。每人 2 次机会。	A：全程身体协调，快速，爆发力好。 B：全程身体协调，无爆发力。 C：中途有中断。 D：不能完成此任务。
原地双脚起跳摸高	在测试区内使用摸高器测试。（图 3-19）	受试者原地完成 2 次双脚起跳摸高。以自身手指间距离最高点为准的 5 厘米、10 厘米、15 厘米 3 个高度进行测评。	A：完成 15 厘米高度。 B：完成 10 厘米高度。 C：完成 5 厘米高度。 D：不能完成此任务。
俯卧撑	在测试区内使用皮尺丈量落点。	受试者原地双手撑地，按规定做 1 分钟俯卧撑。	A：完成动作协调、爆发有力。 B：完成 5 个以上动作，1 分钟内有中断。 C：完成 3 个以上动作，1 分钟内多次中断。 D：不能完成此任务。
手倒立支撑（男生正向倒立，女生反向倒立）	在测试区靠墙摆放体操垫，工作人员辅助保护。	受试者原地双手支撑，靠立支撑物 1 分钟。	A：完成 1 分钟，身体无明显晃动。 B：完成 1 分钟，身体有明显晃动。 C：未完成 1 分钟。 D：不能完成此任务。

图 3-18　18 米冲刺跑测试方法示意图

图 3-19　原地双脚起跳摸高测试方法示意图

四级技能类测试方法与评分标准详见表 3-22。

表 3-22　四级技能类测试方法与评分标准对照表

内容	测试方法	测试要求	评分
对墙垫球	受试者在测试区内听考官口令后对墙垫球 100 次。(图 3-20)	受试者保持低重心，动作正确。垫球高度高于指定横线。每人 2 次机会，记录最佳成绩。	A：动作规范，连续完成 91~100 次。 B：动作规范，连续完成 81~90 次。 C：完成 71~80 次。 D：70 次及以下。
对墙定点传球	受试者在测试区内听考官口令后对墙传球 100 次。(图 3-21)	受试者保持低重心，手型正确，蹬伸协调。传球到指定的 1 米 ×1 米区域为有效传球。每人 2 次机会，记录最佳成绩。	A：动作规范，连续完成 91~100 次。 B：动作规范，连续完成 81~90 次。 C：完成 71~80 次。 D：70 次及以下。
对墙自抛自扣球	受试者在测试区内听考官口令，对墙采用上手大力扣球，共扣球 10 次。(图 3-22)	受试者在距离墙 3 米横线后，采用正面上手扣球，将球扣向地面与墙体夹角处，扣出的球正向旋转。扣球时不能踩线。每人 2 次机会，记录最佳成绩。	A：动作协调、顺畅，完成 10 次有效扣球。 B：动作协调、顺畅，完成 7~9 次有效扣球。 C：动作协调、顺畅，完成 4~6 次有效扣球。 D：完成 3 次及以下有效 扣球。

图 3-20　对墙垫球测试方法示意图

图 3-21　对墙定点传球测试方法示意图

图 3-22　对墙自抛自扣球测试方法示意图

要点与说明

（1）行为类：要求受试者描述有据、节奏有序、声音洪亮。

（2）知识类：要求受试者概念清晰、举例得当、自信乐观。

（3）体能类：要求受试者协调有力、勇敢克难、坚韧不拔。

（4）技能类：要求受试者不急不躁、调节有度、坚定毅力。

五级测试科目与评分

五级测试科目内容详见表 3-23。

表 3-23 五级测试科目内容对照表

测试类别	具体评分内容
行为类（10%）	能够使用 4 个 8 拍领操 5 节，且内容不同。
知识类（10%）	1. 能够准确说出扣球的技术要求和易犯错误动作。 2. 能够准确说出拦网的技术要求和易犯错误动作。
体能类（40%）	1. 双摇跳绳。 2. 双手实心球掷远（男生用 3 千克实心球，女生用 2 千克实心球）。 3. 倒立支撑 2 分钟。 4. 排球网下 36 米移动。
技能类（40%）	1. 4 号位高球。 2. 2 号位高球。 3. 3 号位半高球。 4. 正面上手大力发球。

测试场地

1 块标准室内排球场地。

准备器材

跳绳、实心球、体操垫、秒表。

测试方法与评分

五级行为类测试方法与评分标准详见表 3-24。

表 3-24　五级行为类测试方法与评分标准对照表

内容	测试方法	测试要求	评分
能够使用 4 个 8 拍领操 5 节，且内容不同	受试者着运动服装，在测试区内按提示牌自选 5 节徒手操。	自己喊口令，情绪饱满、声音洪亮、动作规范。	A：完整带领 5 节。 B：带领 5 节，但动作不流畅或声音怯小。 C：带领 5 节以下，且动作和节拍不对应。 D：不能完成此任务。

五级知识类测试方法与评分标准详见表 3-25。

表 3-25　五级知识类测试方法与评分标准对照表

内容	测试方法	测试要求	评分
能够准确说出扣球的技术要求和易犯错误动作	受试者着运动服装，在测试区域内示范作答。	2 分钟内独立完成，举例说明并示范 1 种错误动作。	A：在规定时间内完整作答。 B：在规定时间内作答 2 题，但不完整。 C：在规定时间内作答 1 题。 D：不能完成此任务。
能够准确说出拦网的技术要求和易犯错误动作	受试者着运动服装，在测试区域内示范作答。	2 分钟内独立完成，举例说明并示范 1 种错误动作。	A：在规定时间内完整作答。 B：在规定时间内作答 2 题，但不完整。 C：在规定时间内作答 1 题。 D：不能完成此任务。

五级体能类测试方法与评分标准详见表 3-26。

表 3-26　五级体能类测试方法与评分标准对照表

内容	测试方法	测试要求	评分
双摇跳绳	在测试区内，考官与受试者在规定时间内进行 1 对 1 测试。	受试者快速、协调地完成单次跳跃摇绳 2 次。时间 1 分钟，每人 2 次机会。	A：全程身体协调，快速，爆发力好，无中断。 B：全程身体协调，快速，爆发力好，中断 1~3 次。 C：全程身体协调，无爆发力，或中断 3 次以上。 D：不能完成此任务。
双手实心球掷远（男生用 3 千克实心球、女生用 2 千克实心球）	受试者着运动服装，站在端线后，原地掷远实心球，并丈量落点。端线前 1~1.5 米摆放高 1.5 米、宽 1 米的横杆障碍物。（图 3-23）	受试者原地完成，不允许有跳跃、垫步等动作，并从障碍物上方通过。每人掷远 3 次，记录最佳成绩。	A：完成动作协调，有爆发力，通过障碍物，掷出球有高度和远度。 B：完成动作协调，有爆发力，通过障碍物，掷出球有高度无远度。 C：完成动作无爆发力。 D：不能完成此任务。
倒立支撑 2 分钟	在测试区内靠墙摆放体操垫，工作人员辅助保护。（图 3-24）	受试者原地双手支撑，靠立支撑物 2 分钟，每人 1 次机会。	A：完成 2 分钟，身体无明显晃动。 B：完成 2 分钟，身体有明显晃动。 C：未完成 2 分钟。 D：不能完成此任务。
排球网下 36 米移动	受试者着运动服装，站在进攻线后起动，通过跑步、后退步、侧滑步、跨步完成排球网下 36 米移动。（图 3-25）	受试者按步法要求完成测试，每人 2 次，记录最佳成绩。	A：按规定步法迅速、敏捷地完成测试。 B：出现步法错误，但能迅速、敏捷地完成测试。 C：动作迟缓或 2 次以上出现步法错误。 D：不能完成此任务。

图 3-23　双手实心球掷远测试方法示意图

图 3-24　倒立支撑 2 分钟测试方法示意图

图 3-25　排球网下 36 米移动测试方法示意图

五级技能类测试方法与评分标准详见表 3-27。

表 3-27　五级技能类测试方法与评分标准对照表

内容	测试方法	测试要求	评分
4 号位高球	受试者在测试区内听考官口令后连续扣球 5 次。（图 3-26）	二传由助考员担任，受试者示意准备好后开始连续扣球。每人 1 次机会。扣球时球擦网 2 次算 1 次失误。	A：成功扣球 5 次。 B：成功扣球 4 次。 C：成功扣球 3 次。 D：成功扣球 2 次及以下。
2 号位高球	受试者在测试区内听考官口令后连续扣球 5 次。	二传由助考员担任，受试者示意准备好后开始连续扣球。每人 1 次机会。扣球时球擦网 2 次算 1 次失误。	A：成功扣球 5 次。 B：成功扣球 4 次。 C：成功扣球 3 次。 D：成功扣球 2 次及以下。
3 号位半高球	受试者在测试区内听考官口令后连续扣球 5 次。	二传由助考员担任，受试者示意准备好后开始连续扣球。每人 1 次机会。扣球时球擦网 2 次算 1 次失误。	A：成功扣球 5 次。 B：成功扣球 4 次。 C：成功扣球 3 次。 D：成功扣球 2 次及以下。
正面上手大力发球	受试者在测试场地一侧端线后连续发球 5 次。（图 3-27）	受试者听到考官鸣哨开始发球，球发出后明显向前旋转。	A：成功发球 5 次。 B：成功发球 4 次。 C：成功发球 3 次。 D：成功发球 2 次及以下。

图 3-26　4 号位高球测试方法示意图

图 3-27　正面上手大力发球测试方法示意图

要点与说明

（1）行为类：要求受试者节奏有序、声音洪亮、规范有力。

（2）知识类：要求受试者概念清晰、举例得当、自信乐观。

（3）体能类：要求受试者协调快速、克难攻坚、勇敢果断。

（4）技能类：要求受试者位置准确、发力凶狠、击球稳定。

六级测试科目与评分

六级测试科目内容详见表 3-28。

表 3-28　六级测试科目内容对照表

测试类别	具体评分内容
行为类（10%）	1. 能够使用 4 个 8 拍领操 8 节，且内容不同。 2. 能够画出排球场地内队员和裁判员的位置。
知识类（10%）	1. 能够准确说出垫球技术的易犯错误动作与改正方法。 2. 能够准确说出传球技术的易犯错误动作与改正方法。 3. 能够准确说出发球技术的易犯错误动作与改正方法。 4. 能够准确说出扣球技术的易犯错误动作与改正方法。 5. 能够准确说出拦网技术的易犯错误动作与改正方法。
体能类（40%）	1. 推负重平板车跑 10 米。 2. 连续助跑摸高 5 次。 3. 平板支撑 2 分钟。 4. “米”字形移动。
技能类（40%）	1. 3 点移动拦网（激光笔打点后追逐 10 次）。 2. 2 号位半高球 5 次。 3. 3 号位快球 5 次。 4. 正面上手大力发球 10 次。

测试场地

1 块标准室内排球场地。

准备器材

A4 纸、文件夹、笔、平板推车、杠铃片、摸高器、瑜伽垫、胶带、激光笔、反射布、电子秤、排球。

测试方法与评分

六级行为类测试方法与评分标准详见表 3-29。

表 3-29　六级行为类测试方法与评分标准对照表

内容	测试方法	测试要求	评分
能够使用 4 个 8 拍领操 8 节，且内容不同	受试者着运动服装，在测试区内按提示牌自选 8 节徒手操。	自己喊口令，情绪饱满、声音洪亮、动作规范。	A：完整带领 8 节。 B：带领 6~8 节，但动作不流畅或声音怯小。 C：带领 5 节及以下，且动作和节拍不对应。 D：不能完成此任务。
能够画出排球场地内队员和裁判员的位置	受试者在 A4 纸上标出排球比赛场上相关人员位置。	要求 5 分钟内必须标出甲、乙两支队伍，第 1、2 裁判员，司线员（2 名或 4 名）以及记录台位置。	A：在规定时间内完整标出 7 个位置。 B：在规定时间内标出 5~6 个位置。 C：在规定时间内标出 2~4 个位置。 D：在规定时间内标出 2 个以下位置。

六级知识类测试方法与评分标准详见表 3-30。

表 3-30　六级知识类测试方法与评分标准对照表

内容	测试方法	测试要求	评分
能够准确说出垫球技术的易犯错误动作与改正方法	受试者着运动服装，在测试区内示范作答。	2 分钟内独立完成示范错误动作，举例说明改正方法。	A：在规定时间内完整作答。 B：在规定时间内作答 2 题，但不完整。 C：在规定时间内作答 1 题。 D：不能完成此任务。
能够准确说出传球技术的易犯错误动作与改正方法	受试者着运动服装，在测试区内示范作答。	2 分钟内独立完成示范错误动作，举例说明改正方法。	A：在规定时间内完整作答。 B：在规定时间内作答 2 题，但不完整。 C：在规定时间内作答 1 题。 D：不能完成此任务。
能够准确说出发球技术的易犯错误动作与改正方法	受试者着运动服装，在测试区内示范作答。	2 分钟内独立完成示范错误动作，举例说明改正方法。	A：在规定时间内完整作答。 B：在规定时间内作答 2 题，但不完整。 C：在规定时间内作答 1 题。 D：不能完成此任务。
能够准确说出扣球技术的易犯错误动作与改正方法	受试者着运动服装，在测试区内示范作答。	2 分钟内独立完成示范错误动作，举例说明改正方法。	A：在规定时间内完整作答。 B：在规定时间内作答 2 题，但不完整。 C：在规定时间内作答 1 题。 D：不能完成此任务。
能够准确说出拦网技术的易犯错误动作与改正方法	受试者着运动服装，在测试区内示范作答。	2 分钟内独立完成示范错误动作，举例说明改正方法。	A：在规定时间内完整作答。 B：在规定时间内作答 2 题，但不完整。 C：在规定时间内作答 1 题。 D：不能完成此任务。

六级体能类测试方法与评分标准详见表 3-31。

表 3-31　六级体能类测试方法与评分标准对照表

内容	测试方法	测试要求	评分
推负重平板车跑	受试者着运动服装，站在端线后，双手握负重平板车，并以最快的速度到达 10 米终点。负重重量为自身体重。（图 3-28）	受试者不能借助外力，原地起动，每人 2 次机会。	A：全程推动并快速完成。 B：全程推动完成，但中断 1 次。 C：全程推动完成，但中断 2 次及以上。 D：不能完成此任务。
连续助跑摸高	受试者着运动服装，站在起跳点后准备，每次返回起跳点后再次摸高。左、右方向不限。	受试者必须双脚起跳，每人 2 次机会。	A：最好成绩在测试点总成绩排名的 10% 以内。 B：最好成绩在测试点总成绩排名的 10% 之后的 1~5 名。 C：最好成绩在测试点总成绩排名的 10% 之后的第 6 名及以后。 D：不能完成此任务。
平板支撑	在测试区内摆放瑜伽垫，工作人员辅助计时。考官 1 对 1 观察受试者动作的稳定性。（图 3-29）	受试者原地肘部支撑2分钟。每人 1 次机会。	A：完成 2 分钟，身体无明显晃动。 B：完成 2 分钟，身体有明显晃动。 C：未完成 2 分钟。 D：不能完成此任务。
“米”字形移动	受试者着运动服装，站在排球半场中心点，通过跑步、后退步、侧滑步、跨步完成“米”字形移动。（图 3-30）	受试者按步法要求完成测试，每人2次，记录最佳成绩。	A：按规定步法迅速、敏捷地完成测试。 B：出现步法错误，但能迅速、敏捷地完成测试。 C：动作迟缓或出现 2 次以上步法错误。 D：不能完成此任务。

图 3-28　推负重平板车跑
测试方法示意图

图 3-29　平板支撑测试
方法示意图

图 3-30　“米”字形移动
测试方法示意图

六级技能类测试方法与评分标准详见表 3-32。

表 3-32　六级技能类测试方法与评分标准对照表

内容	测试方法	测试要求	评分
3 点移动拦网	受试者在网前测试区内准备，观察反射布，看到光点（激光笔打点）后迅速移动到指定位置，完成徒手拦网动作。（图 3-31）	受试者示意准备好后，开始做连续徒手拦网动作 10 次。每人 2 次机会。	A：成功、迅速完成 10 次。 B：成功、迅速完成 8~9 次。 C：成功、迅速完成 6~7 次。 D：成功、迅速完成 5 次及以下。
2 号位半高球	受试者在指定区内听考官口令后连续扣球 5 次。	二传由助考员担任，受试者示意准备好后，开始连续扣球。每人 1 次机会。	A：成功扣球 5 次。 B：成功扣球 4 次。 C：成功扣球 3 次。 D：成功扣球 2 次及以下。
3 号位快球	受试者在指定区内听考官口令后连续扣球 5 次。	二传由助考员担任，受试者示意准备好后，开始连续扣球。每人 1 次机会。	A：成功扣球 5 次。 B：成功扣球 4 次。 C：成功扣球 3 次。 D：成功扣球 2 次及以下。
正面上手大力发球	隔网，端线后连续发球 10 次。	受试者听到考官鸣哨开始发球，球发出后有速度并明显向前旋转。	A：成功发球 10 次。 B：成功发球 8~9 次。 C：成功发球 6~7 次。 D：成功发球 5 次及以下。

图 3-31 3 点移动拦网测试方法示意图

要点与说明

（1）行为类：要求受试者清晰准确、声音洪亮、规范有力。

（2）知识类：要求受试者概念清晰、举例得当、自信乐观。

（3）体能类：要求受试者克难攻坚、勇敢果断、坚持不懈。

（4）技能类：要求受试者爆发起跳、击球凶狠、移动迅速。

参考文献

CANKAO WENXIAN

[1] 全国青少年运动技能等级标准研制组 . 青少年排球运动等级标准与测试方法 [M]. 北京：科学出版社，2018.
[2] 全国体育学院教材委员会排球编写组 . 排球运动 [M] . 北京：人民体育出版社，1999.